Casimir Lütgendorf

Taktische und operative Betrachtungen über die

Offensiv-Operation des FM. Grafen Radetzky

von Ende Mai bis Anfang Juni 1848

Casimir Lütgendorf

Taktische und operative Betrachtungen über die Offensiv-Operation des FM.
Grafen Radetzky
von Ende Mai bis Anfang Juni 1848

ISBN/EAN: 9783744630993

Hergestellt in Europa, USA, Kanada, Australien, Japan

Cover: Foto ©ninafisch / pixelio.de

Weitere Bücher finden Sie auf **www.hansebooks.com**

Taktische und operative Betrachtungen

über die

OFFENSIV-OPERATION

des

FM. Grafen Radetzky

von Ende Mai bis Anfang Juni 1848.

— —

Von

Casimir Freiherrn von Lütgendorf,

Major des k. u. k. Generalstabs-Corps.

WIEN.

Verlag von L. W. Seidel & Sohn, k. und k. Hof-Buchhändler.

1898.

Cb. Reisser & M. Werthner.

VORWORT.

Wir feiern das 50jährige Regierungs-Jubiläum unseres allergnädigsten Kaisers und Königs. 50 Jahre sind verstrichen, seit unser oberster Kriegsherr als schmucker, kaiserlicher Prinz bei der Armee Radetzkys geweilt und Zeuge eines Theiles jener genialen Operationen war, die der greise Feldherr mit seinem weitblickenden Generalstabs-Chef FML. von Hess entworfen und mit Consequenz durchgeführt hat.

Möge die Besprechung der Mincio-Operationen des Feldmarschalls uns wieder an die Ruhmestage der Armee erinnern, und uns wieder vor Augen führen, dass es gar nicht nothwendig ist, immer und immer den Feldzug 1870/71 zu bewundern, in welchem eine an Zahl überlegene Armee mit großartigem Glücke einem inferioren Gegner gegenüber gekämpft hat, während im Jahre 1848 die schwache Armee Radetzkys mitten in einem von der Revolution durchwühlten Lande der tapfern, an Zahl überlegenen piemontesischen Armee entgegentreten musste und dennoch als glanzvoller Sieger hervorgieng. Es ist dies umso bewunderungswürdiger, als die Armee höchst mangelhaft organi-

siert war, ein Drittel derselben aus Soldaten italienischer Nation
bestand, die Festungen nicht erhalten, die Trains schwerfällig
waren. Alles dank der damaligen Regierung, die weder Ver-
ständnis für die italienischen Verhältnisse hatte, noch das nöthige
Geld bewilligen wollte, trotzdem der Feldmarschall wiederholt
auf diese Übelstände in eindringlichster Weise aufmerksam machte
und Abhilfe erbat.

BRÜNN, September 1898.

Casimir Freiherr von Lütgendorf,

Major des k. u. k. Generalstabs-Corps.

—

Benützte Quellen:

Hilleprandt Anton v., Hauptmann im k. k. Generalstabe, Der Feldzug in
    Oberitalien 1848. (Separat-Abdruck der österreichischen militärischen
    Zeitschrift, 1862—1867.)

Willisen, Der italienische Feldzug 1848.

Bava, Bericht über die Operationen im lombardischen Feldzuge. — Der Feld-
    zug der österreichischen Armee im Jahre 1848.

Schönhals, Erinnerungen eines österreichischen Veteranen aus dem italieni-
    schen Kriege 1848 und 1849.

———

Einleitung.

Verlauf des Feldzuges vom Rückzuge Radetzkys aus Mailand nach Verona bis Mitte Mai.

Am 22. März marschiert Radetzky mit dem 1. Corps — circa 18.000 Mann — aus dem in vollem Aufstande befindlichen Mailand vorerst an die Adda nach Lodi ab.

In dem diesbezüglichen Armee-Befehl Radetzkys vom 22. Mai heißt es:

„Mangel an Lebensmitteln und die Gefahr, von einem treulosen Nachbar im Rücken genommen zu werden, nöthigen mich, eine kurze rückgängige Bewegung zu machen, um mich den Streitkräften zu nähern, die zu meiner Verstärkung im Anzuge sind.“

Dort angelangt, entschließt er sich auf die Nachricht von der Erhebung Venetiens zum weiteren Rückmarsch vorerst hinter den Chiese, dann weiter nach Verona, wo er anfangs April eintrifft, um sich mit dem 2. Corps zu vereinigen, das, circa 15.000 Mann stark, sich daselbst concentriert hat.

Der Armee-Befehl aus Verona vom 3. April sagt unter anderem:

„Der Mangel aller Bedürfnisse, die der Krieg erheischt — in unserem Rücken durch einen wortbrüchigen Bundesgenossen bedroht, sind wir bis hieher zurückgegangen. Aus höheren Rücksichten der Kriegskunst bin ich als General gewichen, nicht Ihr! — Ihr waret nicht besiegt, Ihr selbst wisset es, dass Ihr auf allen Punkten — wo Ihr erschienen, Sieger geblieben. Soldaten! Vertrauet mir, wie ich Euch vertraue! Bald werde ich Euch wieder vorwärts führen, um den Verrath und Treubruch zu rächen, den man an Euch begieng."

Hier fasst er, wie aus seinem Armee-Befehle ersichtlich, den Operations-Plan, das vom Isonzo heranrückende Reserve-Corps abzuwarten und dann erst zur Offensive überzugehen, bis dahin aber sich im Festungs-Viereck oder doch bei Verona zu behaupten.

Karl Albert überschreitet am 28. März mit der piemontesischen Armee den Ticino, folgt aber nur langsam nach, so dass er erst am 9. April am Mincio anlangt.

Er wusste, dass Radetzky bei S. Lucia, westlich von Verona, im Lager stehe, dass circa 5000 Mann bei Pastrengo zur Verbindung mit Tirol und zur Sicherung der rechten Flanke standen, und dass in Peschiera und Mantua österreichische Garnisonen waren.

Karl Albert entschließt sich daher, am 30. April die isolierten Truppen bei Pastrengo anzugreifen, drängt sie zurück und wird Herr des Plateaus von Rivoli sowie des Hügellandes von Custoza. Er will sich nun dort festsetzen, die kaiserliche Armee nach Verona hineinwerfen und dann weiter über die Etsch vordringen. Er greift infolgedessen am 6. Mai die österreichische Aufstellung bei S. Lucia an, wird aber in diesem Gefechte vollkommen geworfen. Es kämpfen 19.000, später 25.000 Österreicher gegen 41.000 Piemontesen.

Karl Albert fällt darauf in die Defensive und begnügt sich mit der Belagerung von Peschiera und der Beobachtung von Mantua.

Die Zeit vom 7. bis 27. Mai.

Strategische und operative Situation der Armee Radetzkys.

Die geringe Streiterzahl, welche dem Feldmarschall in Venetien zur Verfügung stand, hatte keine Verfolgung des Sieges von S. Lucia gestattet und beschränkte die österreichische Armee auf die Defensive, in welcher sie nur unwesentliche Störungen erfuhr, da die Piemontesen der Befestigung ihrer Stellung und der Belagerung von Peschiera ihre volle Thätigkeit zuwendeten.

Durch Streifcommanden wurden seitens der kaiserlichen Armee Lebensmittel für Mantua, Verona und Legnago requiriert, die feindliche Aufstellung erforscht und Insurgenten-Abtheilungen, welche die Zufuhr abschneiden wollten, vertrieben.

Mantua war bis Mitte Mai in Vertheidigungsstand gesetzt; desgleichen die kleine Festung Legnago.

Peschiera, welche seit 27. April ganz eingeschlossen war, als Besatzung 8 Compagnien Grenzer, ¼ Escadron, 70 Artilleristen, 150 Geschütze — zusammen 1500 Mann — und genügend Munition, aber wenig Vorräthe an Lebensmitteln hatte, bildete das vortheilhafteste Angriffs-Object der Piemontesen.

In Verona war unter der unmittelbaren Einwirkung des Feldmarschalls die Armierung am 15. Mai soweit gediehen, dass 302 Geschütze auf dem Walle und 17 in Reserve aufgestellt waren; die Vertheidigungs-Instandsetzung wurde eifrigst fortgesetzt. Die Stellung am Rideau war durch Straßen-Absprengung, Verhaue und durch Einrichtung von Gehöften zur Vertheidigung thunlichst verstärkt worden. Überdies wurden 5 Redouten und 2 kleine Zwischenwerke aufgeworfen.

1*

Auf die Ausrüstung der Armee, Beschaffung der Batterie-Bespannungen, Zusammenstellung kleiner Munitions-Reserven, Verminderung der Bagagen, Entfernung der eigenen Fuhrwerke, endlich besonders auf die Verpflegung der Armee verwendete Radetzky eine besondere Sorgfalt.

Im Hauptquartier Radetzkys traf am 13. Mai als General-stabs-Chef der Armee FML. v. Hess ein, den sich der Feld-marschall erbeten und der das volle Vertrauen der Armee besaß.

Südtirol, wo FML. Graf Lichnowsky commandierte, war das Angriffs-Object der lombardischen Freischaren und der vene-tianischen Insurgenten, welche über das Stilfser Joch, über den Tonale-Pass, im Chiesethale, dann durch die Val Arsa, Astico, Assa und Sugana vorzudringen versuchten.

Den Gardasee beherrschten zwei armierte italienische Dampfschiffe und verhinderten den Proviant-Zuschub nach Pes-chiera auch zu Wasser.

Die fortdauernde revolutionäre Stimmung in Süddeutschland und die politischen Flüchtlinge in der Schweiz verursachten eine solche Bedrohung von Nordtirol, dass Radetzky nur auf die wenigen Truppen, die im Etschthale und in Rivoli unter Com-mando des Obersten Zobel zur Deckung der Hauptverbindungs-Linie standen, zu seiner Verfügung rechnen konnte.

Über die Armee Karl Alberts dürfte Radetzky im allgemeinen etwa (wie in Beilage 1 dargestellt ist) orientiert gewesen sein:

Darnach konnte die Hauptkraft des Gegners, die Division mit circa 11.000 Mann gerechnet, 55.000 Mann stark sein.

Die toscanisch-modenesische Division, mit 7000 Mann am Osone, stand in der Linie Curtatone-Montanara. In dieser Linie waren die beiden Orte befestigt und überdies an günstigen Punkten Verschanzungen aufgeworfen. Bei Governolo speciell standen modenesische, bei Goito neapolitanische Truppen.

Lombardische Freischaren, circa 5—6000 Mann, befanden sich theils im Val Telina, Camonica und im Chiesethale.

Ordre de bataille und Dislocation
der für eine Offensive Ende Mai verfügbaren Kräfte.

Armee-Commandant: FM. Graf Radetzky. — Generalstabs-Chef: FML. Ritter von Hess.

Corps	Divisionen	Brigaden	Bataillons	Technische Compagnien	Escadronen	Geschütze	Standort	Streitbare
I. FML. Graf Wratislaw	FML. Fürst Karl Schwarzenberg	GM. Graf Straßoldo ...	3	.	2	6	Verona	3.200
		GM. Graf Clam	3	.	2	6		3.000
	FML. Fürst Felix Schwarzenberg	GM. Wohlgemuth	4	.	2	6		3.600
		Oberst Benedek	4⅔	.	2	6	Zur Besatzung v. Mantua gehörig	5.000
	Geschützreserve und Pionniere		.	1	.	9		300
	Summe des I. Corps ...		**14⅔**	**1**	**8**	**33**		**15.100**
II. FML. Baron d'Aspre	FML. Graf Wimpffen	GM. Fürst Liechtenstein	5	.	4	6	In engen Cantonierungen in und in der nächsten Nähe von Verona	4.300
		GM. Baron Simbschen .	4	.	2	6		3.700
	FML. Graf Schaaffgotsche	GM. Fürst Taxis	4	.	1	6		4.100
		GM. Graf Gyulay	4	.	1	6		3.700
	Geschützreserve und Pionniere			1	.	12		400
	Summe des II. Corps ...		**17**	**1**	**8**	**36**		**16.200**
I. Reserve-Corps FML. Wocher	FML. Graf Thurn	GM. Schulzig	4	.	.	6		4.500
		GM. Maurer	4	.	.	6		2.800
		GM. Baron Rath	3	.	.	6		2.400
	FML. Prinz H. Taxis	GM. E. H. Ernst	.	.	9	6		1.100
		GM. Graf Schaaffgotsche	.	.	12	6		1.700
		GM. Fürst E. Schwarzenberg	.	.	4	12		700
	Geschützreserve und Pionniere		.	2	.	42		900
	Summe des I. Reserve-Corps ...		**11**	**2**	**25**	**84**		**14.400**
	Oberst Baron Zobel		3	.	1	6	Rivoli	2.300
	Gesammt-Summe ...		**45⅔**	**4**	**42**	**159**	.	**48.000**

Eine päpstliche Division von mindestens 11.000 Mann stand in Vincenza, das in Vertheidigungsstand gesetzt war. Diese Division dürfte durch die am 24. Mai erfolgte Beschießung durch das vom Isonzo gekommene Corps Radetzkys dermalen ziemlich eingeschüchtert sein.

Überdies war dem Feldmarschall bekannt, dass im Laufe des Mai bei den Piemontesen Ergänzungen auf den Kriegsstand eingetroffen waren und dass die Aufstellung im Hügellande westlich von Verona seitens der Piemontesen technisch verstärkt wurde.

Die Festungen hatten ihre eigenen Besatzungen.

Peschiera war aus Mangel an Verpflegung dem Falle nahe.

In Verona traten Verpflegsschwierigkeiten auf, indem nur mehr die Vorräthe für die Armee auf wenige Tage reichten. Das insurgierte Gebiet östlich von Verona war reich an Ressourcen.

Im Venetianischen befand sich noch das 2. Reserve-Corps, welches alle zur Sicherung der Nachschubslinie in diesem Gebiet zurückgelassenen Truppen in sich fasste und die zur Verstärkung noch heranmarschierenden Heerestheile an der Piave zu sammeln hatte.

Beurtheilung der Situation gegen Ende Mai im Armee-Hauptquartier.

Vom 27. Mai an stehen circa 48.000 Mann für die weiteren Operationen im freien Felde zur Verfügung. Von diesen sind circa 40.000 um Verona concentriert, 2300 bei Rivoli und 5000 in Mantua. Gegnerischerseits befinden sich im Hügellande von Verona circa 53—56.000 Mann, wovon ein Theil die Festung Peschiera eingeschlossen hat. Am Osone stehen circa 7000 Mann zur Beobachtung von Mantua. Im ganzen 63.000 Mann gegnerischer Kräfte, mit denen gerechnet werden musste.

Auf den östlichen Verbindungen der Armee in Vicenza stehen etwa 11.000 Mann päpstlicher Truppen unter Durando.

Die Verpflegsschwierigkeiten in Verona, die kritische Lage von Peschiera, das defensive Verhalten der Armee Karl Alberts, die sich seit dem Gefechte von S. Lucia auf die Einschließung von Peschiera und Beobachtung von Mantua, dann auf die technische Verstärkung des Ostrandes vom Hügellande beschränkte, endlich das gehobene moralische Element im kaiserlichen Heere waren bestimmend für eine Offensiv-Operation.

Diese kann gegen die westliche oder östliche Kraftgruppe des Gegners gerichtet werden.

Der westliche Gegner ist näher, dazu bedeutend stärker, daher auch gefährlicher. Der thunlichst baldige Entsatz der hartbedrängten Festung Peschiera ist sowohl der strategischen Wichtigkeit wegen, welche dieser Platz als doppelter Brückenkopf am Mincio besitzt, als auch deshalb geboten, weil der bei dem Mangel an Lebensmitteln sonst voraussichtlich baldige Fall der Festung für die Piemontesen großen moralischen Wert gewinnen könnte.

Der Gegner in Vicenza scheint durch die Beschießung am 24. Mai noch so eingeschüchtert zu sein, dass eine Offensiv-Unternehmung desselben dermalen noch nicht zu erwarten ist.

Eine Offensive der kaiserlichen Armee gegen die Kräfte bei Vicenza eröffnet ihr die dringend benöthigten reichen Hilfsquellen des Landes, nähert die Armee den anrückenden Verstärkungen, gestattet mit Überlegenheit aufzutreten, überlässt aber die Festung Peschiera für die nächste Zeit vollkommen ihrem Schicksale und bietet der seit 6. Mai passiven gegnerischen Hauptkraft Gelegenheit zu einer für die eigenen Armeen gefährlichen Offensive über die Etsch.

Aus diesen Erwägungen resultiert der

Entschluss,

„vorerst eine Unternehmung gegen die westliche feindliche Gruppe mit dem Hauptzweck ‚Entsatz von Peschiera‘, da ein entscheidender

Erfolg bei dem noch vorhandenen Missverhältnis der beiderseitigen Kräfte (45.000 gegen 63.000) nicht gehofft werden konnte".

Erwägungen über Art der Durchführung dieses Entschlusses.

Diese Operation kann auf drei Arten durchgeführt werden.

a) Vorbrechen der eigenen Armee zwischen dem Gardasee und der Etsch. Sie greift damit direct den piemontesischen linken Flügel an; die Operationsrichtung führt ohne bedeutenden Umweg im Anschlusse an die Gruppe Zobel gegen Peschiera. Diese Operation ist aber vom Feinde leicht zu hindern, da Pastrengo und Piovezzan sich in dessen Händen befinden. Die eigene Armee müsste auf der einzigen zur Verfügung stehenden Straße auf dem linken Etschufer, welches von den Piemontesen in der Strecke zwischen Arcé und Ponton vollkommen beherrscht ist, bewegt werden, der Etschübergang müsste bei oder nördlich von Gajun erfolgen. Die Entwicklung der Armee müsste voraussichtlich angesichts der mittlerweile leicht vereinigten Armee Karl Alberts erfolgen, die Armee müsste mithin unter sehr schwierigen verlustreichen Kämpfen ihre Aufgabe zu lösen versuchen.

b) Directer Vorstoß der Armee in kürzester Richtung von Verona gegen Peschiera. Es ist dies ein Durchbruch mit der Direction auf die Höhen von S. Giustina-Sona, die stark besetzt und technisch verstärkt sind. Diese Unternehmung wird nur mit bedeutenden Opfern, aber wahrscheinlich in kurzer Zeit auszuführen sein.

c) Eine Umgehung des rechten Flügels der feindlichen Hauptkraft. Dieses Unternehmen verlangt ein Zurücklassen starker Kräfte bei Verona, mithin eine Schwächung der eigenen Hauptkraft. Ein directes Zusammenwirken mit der Gruppe Oberst Baron Zobel ist ausgeschlossen. Deren Abgang bei den Operations-Truppen kann aber dadurch beglichen werden, dass ein gleich starker Theil der Besatzung von Mantua an diese herangezogen werden kann. Bei diesem Unternehmen könnten auch alle durch die Festungsgruppen gebotenen Vortheile sorgfältigst ausgenützt werden.

Durch diese Umgehung der feindlichen Hauptkraft können die am Osone befindlichen Streitkräfte mit bedeutender Überlegenheit angegriffen und geschlagen werden, dann das feindliche Heer zu einer Schlacht unter ungünstigen strategischen Verhältnissen gezwungen, vielleicht auch geschlagen oder doch zur Aufgabe der Belagerung von Peschiera verleitet oder, wenigstens Kräfte derart von diesem Platze abgezogen werden, dass es den bei Rivoli stehenden Truppen Zobels möglich wird, Lebensmittel in die Festung zu schaffen und dadurch die Besatzung vor baldiger Übergabe zu bewahren.

Diese Art der Unternehmung ist der entschiedenste strategische Angriff auf die einzige Rückzugs- und Verbindungs-Linie des Gegners, wobei die eigenen Verbindungen auf Mantua führen und daher gedeckt sind.

Auch wahrt sich das Armee-Commando dadurch noch immer die Möglichkeit für den Fall, dass die Piemontesen ihre Überzahl richtig verwenden, und dadurch Peschieras Entsatz hindern würden, den bereits früher (24. Mai) gefassten Entschluss durchzuführen, nämlich unter dem Schutze von Mantua und der Festung Verona als Drehpunkt rasch sich auf den östlichen Gegner zu werfen, die dortigen Streitkräfte zu vernichten, dadurch die Verbindung mit dem 2. Reserve-Corps zu eröffnen und erst später, nach Erlangung des Übergewichtes über die feindliche Hauptarmee, eine entscheidende Offensive gegen diese zu führen.

Hieraus resultiert der

Entschluss:

„Durchführung der Offensive über Mantua".

———

Die Offensive über Mantua.

---

27. Mai.

Erwägungen für die Durchführung dieser geplanten Offensive.

Das geplante Unternehmen ist eine einfache strategische Umgehung des feindlichen rechten Flügels, der näher den Verbindungen liegt.

Sie umfasst im allgemeinen 1. die rasche und geheim durchgeführte Umgehung außerhalb des taktischen Schlagbereiches, 2. gleich nach der Umgehung den taktischen Schlag, damit der Feind keine Gegenmaßregeln treffen kann.

Der 1. Theil besteht daher in einem Flankenmarsche nach Mantua.

Die Durchführbarkeit und das Gelingen desselben sind im allgemeinen an folgende Bedingungen geknüpft:

a) an das Vorhandensein eines entsprechenden Communications-Netzes, und zwar eines solchen, wie es zur Bildung eines kampfbereiten Echiquiers erforderlich ist;

b) an das Gelingen der Täuschung des Feindes durch Demonstrationen an entfernten Punkten und durch eine überraschende, möglichst verdeckte Ausführung des Marsches, um die Vortheile, welche mit dem Flankenmarsche angestrebt werden, zu realisieren, bevor noch der Gegner Gegenmaßregeln treffen kann.

Von Verona führen in südwestlicher Richtung genügend viel Communicationen mit Bezug auf die aus 3 schwachen Corps bestehende Armee. Sie führen in der kürzesten Richtung auf Mantua, dabei aber verhältnismäßig nahe an der gegnerischen Aufstellung vorüber. Abgesehen von dieser kürzesten Richtung ließe sich die Armee auch noch Etsch abwärts über Legnago und von dort auf mehreren in westlicher Richtung führenden Communicationen nach Mantua verschieben. Das Verschieben könnte in diesem Falle thunlichst gedeckt mit mehr Sicherheit erfolgen, dauert aber länger, kann daher leicht verrathen werden, während die Verschiebung in der ersteren Richtung kürzer, aber gefährlicher, daher kühner ist.

Diese Erwägungen, dann das passive Verhalten der Armee Karl Alberts führen zur Durchführung des kühneren Entschlusses.

Demonstrationen zur Täuschung des Gegners können am besten auf dem eigenen rechten Flügel durch ein energisches Vorgehen der Brigade Zobel stattfinden. Diesen haftet aber der Nachtheil an, dass diese Kräfte verhältnismäßig sehr schwach sind.

Wahl der Marschlinien:

a) Straße über Tomba, Vigasio, Castel Belforte zur Lünette S. Giorgio, dann nördlich durch die Citadelle nach Mantua;

b) Chaussee über Tombetta, Isola della Scala, dann Straße über Erbe, Castel d'Ario, Stradella, südlich vom früher erwähnten Werke vorbei nach Mantua;

c) die Chaussee über Tombetta nach Bovolone, dann Straße nach Nogara, Castel d'Ario in die sub *b*) genannte Straße oder über Garzedole nach S. Giorgio, oder eventuell dermalen, wenn hergerichtet, über den Eisenbahndamm nach Mantua.

Flankendeckung. Diese besorgt bei einem solchen Marsche im allgemeinen die äußerste Truppen-Colonne, die übrigen Colonnen müssen in einer entsprechenden Kampfbereitschaft marschieren und dürfen nur mit den nothwendigsten Trains und Anstalten dotiert sein (Detail siehe Colonnenbildung).

Antritt des Marsches. Dieser Marsch soll, wie erwähnt, geheim durchgeführt werden. Hiezu eignet es sich am besten, den ersten Theil des Marsches als Nachtmarsch durchzuführen.

Dazu kommt noch, dass das Bereitstellen der Truppen am Abende gar nicht auffallend ist, da ja um diese Zeit gewöhnlich die Ablösung der Vorposten stattfindet.

Colonnenbildung. Mit Rücksicht auf einen Abmarsch bei einbrechender Dunkelheit, dann auf die längste Route wird die Cavallerie-Truppen-Division des 1. Reserve-Corps am besten auf die östlichste Marschlinie verlegt, während die übrigen Truppen und Anstalten auf die beiden andern Marschlinien aufzutheilen sind.

Die Colonnen müssen in einer entsprechenden Kampfbereitschaft marschieren, weil es nicht ausgeschlossen ist, dass der Gegner den Abmarsch erkennt oder erfährt und ihn zu stören versucht. Diese Kampfbereitschaft wird erreicht, indem die dem Feinde zunächst befindliche Colonne — etwa das 1. Corps — echellonartig von einem westlich einmündenden Wege zum andern vorgeht, oder aber, indem namentlich während des ersten Theiles des Marsches eine Flankensicherung vom Rideau von Verona über Isolalto nach Vigasio dirigiert wird, was nur bei einem äußerst lässig betriebenen Sicherungs- und Aufklärungs-Dienste seitens des Gegners — wie es thatsächlich durch die lange Unthätigkeit im Hügellande der Fall war — rathsam erscheint.

Die 3. Colonne muss von Nogara aus eine Flankensicherung links gegen die bei Governolo befindlichen gegnerischen Kräfte ausscheiden.

Die Hauptkraft, also das 2. Corps, dann die Infanterie-Truppen-Division des 1. Reserve-Corps und der Brückentrain könnten auf der 2. Marschlinie vorgehen.

Kampfbereitschaft. Um für den Fall eines Kampfes während des Flankenmarsches günstige Verhältnisse für den Aufmarsch nach rechts zu schaffen, also ein thunlichst einfaches Frontieren nach rechts zu ermöglichen, ist es am zweckmäßigsten, den Marsch staffelförmig anzuordnen. Maßgebend hiefür sind die gegnerische Situation, die Colonnenlängen, die Aufbruchstunden. Die gegnerische Situation erfordert bei einem Zusammenstoße rasche Entwicklung mit thunlichst starkem rechten Flügel; daher Abmarsch in Staffeln links rückwärts.

Für die Länge der Colonnen ist maßgebend, welche Trains bei den einzelnen Colonnen eingetheilt sind. Sie nehmen die unbedingt nöthigen Sanitäts- und Munitions-Trains, dann den Gefechtstrain mit. Überdies muss das Kriegsbrücken-Material mitgeführt werden, das zur 2. Colonne einzutheilen ist. Der Verpflegs-Train ist nicht mitzunehmen, denn für den Marsch nach Mantua hat der Mann die Verpflegung bei sich, in der Festung selbst befinden sich entsprechende Vorräthe, wenigstens für die allernächste Zeit. Hat die Armee von Mantua aus den Vormarsch gegen die Verbindungen des Gegners angetreten und eilt dieser auf das rechte Mincio-Ufer, um sie zu schützen, dann ist der Weg Mantua-Verona offen, und es können die nöthigen Verpflegsvorräthe der Armee anstandslos nachgeschoben werden.

Die Länge der Colonne beträgt daher:

Rechte Colonne (1. Corps) circa 7 *km*; Mittelcolonne (2. Corps, Brückentrain, Artillerie-Reserve und 2 Infanterie-Brigaden des 1. Reserve-Corps) circa 18 *km*; linke Colonne (Cavallerie-Truppen-Division) circa 4 *km*. Durch das gleichzeitige Aufbrechen der rechten und mittleren Colonne und das um 4 Stunden spätere Aufbrechen der linken Colonne, überdies durch das Zurücklassen einer Nachhut, die etwa 7 Stunden später den Marsch antritt, ergibt sich das für den Kampf günstige Staffelverhältnis.

Rechnet man die Aufbruchsstunde der beiden ersteren Colonnen mit 8^h 30^I abends, so hat die 3. Colonne um 12^h 30^I nachts und die als Nachhut zurückgelassene Kraft — etwa 1 schwache Brigade — um 3^h 30^I früh aufzubrechen.

Anordnungen für eine lange Rast. Die Marschlängen betragen für die rechte Colonne circa 35, für die mittlere 46, für die linke 58 *km*. Von den einzelnen Colonnen sind daher ganz bedeutende Gewaltmärsche, eingeleitet durch einen Nachtmarsch, durchzuführen. Es müssen daher einheitliche Verfügungen über eine wenigstens vierstündige lange Rast zum Abkochen und Ausruhen der Truppen getroffen werden. Demnach könnten als Orte für diese Rast in Aussicht genommen werden: Castel Belforte für das 1. Corps, Castel d'Ario für das 2. Corps, Sorga für die Infanterie des 1. Reserve-Corps und Nogara für die Cavallerie-Truppen-Division.

Eintreffen in Mantua. Mit Rücksicht auf den Gewaltmarsch, die Schwierigkeit beim Abmarsche in der Dunkelheit, die große Vorsicht, mit der der Marsch ins Werk gesetzt werden muss, kann das 1. Corps in 16—18, die Mittelcolonne in 22, die rechte Colonne in 22—24 Stunden in Mantua eintreffen.

Aus allen diesen Erwägungen resultieren nachfolgende thatsächlich im Jahre 1848 gegebene

Befehle,

von denen der wichtigste im Wortlaute angeführt ist. Dieser passt mit Ausnahme von durch die Organisation bedingten Details, auch für die heutigen Verhältnisse vollkommen.

I. Anordnungen für die Bereitstellung der zum Abmarsche von Verona bestimmten Truppen am 27. abends unter dem Vorwande einer Vorposten-Ablösung am Rideau westlich von Verona.

II. Disposition für den Abmarsch nach Mantua, nachdem die oben erwähnten Truppen versammelt waren.

Diese lautete:

„Das 1. Corps marschiert um 8ʰ 30ᶦ abends aus der Stellung am Rideau links ab, geht über Tomba nach Vigasio, dann über Trevenzuolo und Roncolera nach Castel Belforte, ferner auf dem Wege von C. Boccabusa gegen das Glacis der Lünette S. Giorgio, schwenkt hier westlich ab und rückt durch die Citadelle in die Festung ein.

Die Deckung der rechten Flanke besorgt eine angemessene Truppe, welche auf dem Wege über Cà de Tinaldi und Isolalta nach Vigasio vorrückt.

Das 2. Corps, zur selben Zeit aus seiner Stellung am Rideau abmarschierend, geht über Tombetta, Buttapietra, Isola della Scala, Sorge nach Castel d'Ario, weiter auf der Straße durch die Lünette S. Giorgio nach Mantua.

Vom Reserve-Corps haben dem 2. Corps die Brigade Maurer, dann der Brückentrain, die Artillerie-Reserve und die Brigade Rath um 10ʰ 30ᶦ nachts von Porta Nuova aus zu folgen.

Die gesammte Cavallerie des Reserve-Corps rückt dahinter über Tombetta nach Pozzo, Bovolone nach Nogara, dann über Castel d'Ario zur Lünette S. Giorgio.

Die Brigade Schulzig rückt um Mitternacht in eine Aufstellung zwischen Porta S. Zeno und Porta Nuova vor Verona, um die Vorposten der dortigen Besatzung nach Umständen zu unterstützen und dann der mittleren Colonne als Nachhut zu folgen.

Lange Rast von 4 Stunden 1. Corps Castel Belforte, 2. Castel d'Ario, die Infanterie-Brigaden des Reserve-Corps Sorgà, die Cavallerie desselben Nogara; während derselben ist abzukochen und zu füttern.

Jedes Corps erhält eine Sanitäts-Abtheilung.

Trains. Mit Ausnahme der Kessel- und Medicamenten-Wagen haben sämmtliche was immer für Namen habenden Bagagewagen zurückzubleiben.

Es ist mit größter militärischer Vorsicht vorzurücken, da die Bewegung der Armee dem Feinde soviel als möglich verborgen bleiben müsse, wenn sie von großem Erfolge sein soll.

Die Cavallerie des Reserve-Corps hat sich sowohl durch eine Vorhut, als von Nogara an, mit einer Seitenhut links zu sichern.

Jedes Corps ist von den Anordnungen für die anderen Corps verständigt.

Das Armee-Commando folgt dem 2. Corps."

III. Befehle an die Brigade Zobel für die Vorrückung im Einklange mit den Operationen der Hauptarmee.

Situation bei der Hauptarmee am 28. Mai abends.

Im Laufe des 28. trafen in Mantua ein: 1. Corps zwischen 2^h und 3^h nachmittags, 2. Corps um 7^h abends, Infanterie des 1. Reserve-Corps, dann Brückentrain und Artillerie-Reserve um 10^h nachts, Cavallerie-Division des 1. Reserve-Corps nach 10^h nachts.

Die Nachhut der Mittelcolonne — Brigade Schulzig — rückte erst am 29. früh in die Festung ein.

Die Truppen wurden theils im Innern der Festung untergebracht, theils bezogen sie Freilager am Glacis der Lünette S. Giorgio.

Der ganze Flankenmarsch wurde verborgen durchgeführt, keine feindliche Bewegung wurde bis dahin constatiert.

Erwägungen für die Fortsetzung der Offensive am 29. Mai.

Um die Offensive gegen die Flanke der feindlichen Armee fortsetzen zu können, müssen zuerst die am Osone befindlichen Kräfte vernichtet werden, daher theilen sich diese Erwägungen in solche für den Angriff auf die toscanische Division am Osone und in solche über das weitere Verhalten der Armee am 29. nach der Vernichtung dieser schwachen gegnerischen Kräfte.

a) Erwägungen für den Angriff auf die toscanische Division.

Der Gegner ist in befestigter Stellung, sein linker Flügel lehnt sich an den Lago Superiore und hat überdies daselbst den befestigten Ort Curtatone als Stützpunkt. Der rechte Flügel ist etwas vorgeschoben und findet seinen Abschluss in dem befestigten Montanara. Die ganze Linie ist circa 4000ˣ lang und von 6000—7000 Mann besetzt.

Die Aufstellung ist in der Front und auf dem linken Flügel stark. Der rechte Flügel ist verhältnismäßig schwach, da er durch ein Vorgehen über Silvestro umgangen werden kann.

Daraus resultiert, dass der Hauptangriff am zweckmäßigsten umfassend gegen den rechten Flügel geführt wird.

Dieser Angriff muss rasch und mit bedeutender Kraft geführt werden, damit die Entscheidung möglichst schnell falle und mit einer vollständigen Zertrümmerung der gegnerischen Kraftgruppe endige.

Er muss daher am 29. thunlichst früh beginnen und von etwa der dreifachen Übermacht durchgeführt werden.

Das 1. Corps und eine Brigade des 2. Corps repräsentieren etwa diese Kraft.

Die Lösung der Aufgabe wird dann dem 1. Corps-Commando übertragen.

b) Erwägungen für das Verhalten der übrigen Theile der Armee am 29. Mai.

Rechnet man die Aufbruchsstunde der Angriffs-Truppen, mit Rücksicht auf den vorangegangenen Gewaltmarsch für die weiteste Colonne mit 5ʰ früh, so kann um 8ʰ bereits das Gefecht begonnen haben, und aller Voraussicht nach bei entsprechendem Drucke auf die südliche Flanke der Toscaner in 3—4 Stunden beendet sein, mithin dieser Gegner bis Mittag gewiss aus dem Felde geschlagen sein.

Die Aufgabe der Armee ist, möglichst bald in der rechten Flanke der piemontesischen Armee zu erscheinen, um diese anzugreifen, ehe sie ihre Gegenmaßregeln durchgeführt hat. Daraus ergibt sich, dass es am zweckmäßigsten ist, noch am selben Tage thunlichst weit nach Norden vorzurücken.

Es müssen daher die übrigen Truppen (2. Corps und 1. Reserve-Corps) derart am Vormittage des 29. bereitgestellt werden, dass sie sich zur Zeit, als die Verhältnisse am Osone der Entscheidung nahe sind, vom Fort Belfiore in Bewegung setzen können.

Diese Kräfte können an diesem Tage ohne besondere Anstrengung der Truppen mit dem Gros der Infanterie den wichtigen Raum um Goito erreichen (19 km von Mantua), während die Cavallerie-Truppen-Division des 1. Reserve-Corps nach Ceresare vorzuschieben wäre, um noch am selben Tage die Aufklärung von der Flanke und vom Rücken des Gegners aus einzuleiten.

Das 1. Corps kann bis zum Abend im Raum von Rivalta eintreffen.

Die am 29. früh in Mantua eintreffende Brigade Schulzig kann am späten Nachmittage bis Castellucchio nachgezogen werden.

Durch diese mögliche Gruppierung können am 29. abends 5 Infanterie- und 3 Cavallerie-Brigaden — circa 20.000 Mann — auf 6 km Frontbreite bei Goito, 7 km dahinter 19.000, weitere 3 km südlich 4500 Mann sich befinden, wodurch die Armee in der Lage ist, am 30. innerhalb von nicht ganz 3 Stunden alle Kräfte auf einem eventuellen Gefechtsfelde bei Goisto vereint zu haben.

Inhalt des Befehls, den das Armee-Commando an das 1. Corps für den Angriff auf die toscanische Division geben könnte.

Der Corps-Commandant und die Divisionäre werden mit ihren Generalstabs-Chefs noch am Abend des 28. zum Armee-Commandanten berufen und ihnen etwa folgender Befehl ertheilt:

„*Die Armee setzt morgen die Offensive Mincio aufwärts fort.*

Vom Gegner halten circa 7000 Mann die befestigte Stellung am Osone von Curtatone bis einschließlich Montanara besetzt.

2*

*Das 1. Corps, dem die Brigade Liechtenstein (vom 2. Corps)
unterstellt wird, hat unter Festhaltung der gegnerischen Front den
rechten Flügel umfassend anzugreifen und in der Richtung über
Ospitaletto und Castellucchio aufzuklären.*

Aufbruch derart, dass um 8ʰ früh der Angriff beginnt.

Gefechtstrain bleibt in Mantua.

*Die stündlichen Situations-Meldungen treffen mich von 7ʰ früh
an beim Fort Belfiore."*

Mögliche Kräftegruppierung des 1. Corps zum Angriff auf Grund des supponierten Befehles.

Division FML. Fürst K. Schwarzenberg, verstärkt durch
die Brigade Liechtenstein (exclusive der 2 Bataillone des In-
fanterie-Regimentes Nr. 52) festhaltende Frontgruppe (9 Bataillone,
3 Batterien, 1 Escadron); Hauptangriffs-Gruppe Division FML. Fürst
F. Schwarzenberg und Rest der Brigade Liechtenstein (11 Bataillone, 3$\frac{1}{2}$ Batterien, 1 Escadron) nimmt die Direction über
S. Silvestro gegen die rechte Flanke des Gegners; Corps-Cavallerie
— 10 Escadronen stark — gebildet aus den bei den Brigaden ent-
behrlichen Escadronen, begleitet den Hauptangriff in der linken
Flanke und hat in den anbefohlenen Richtungen aufzuklären.

Antritt der Vorrückung derart, dass die Hauptangriffs-Gruppe
circa $\frac{3}{4}$ Stunden früher als die festhaltende vom Fort Belfiore
aufbricht.

Supponierte Kräftegruppierung zum Angriff auf die toscanische Division.

(Siehe Beilage 2.)

Thatsächliche Verfügungen für den 29. Mai und Ereignisse an diesem Tage.

a) Angriff auf die Osone-Linie. (Hiezu Beilage 3.)

Feldmarschall Radetzky hatte in der Nacht vom 28. auf den 29. den Angriff auf die Osone-Linie für den 29. in 3 Colonnen angeordnet, und zwar:

„1. Colonne: Division F. Schwarzenberg (8²/₃ Bataillone, 1 Escadron, 24 Geschütze) rückt um 8ʰ früh vom Fort Belfiore auf der Chaussee nach Curtatone vor.

2. Colonne: Division K. Schwarzenberg und Kriegs-Brücken-Equipagen (4²/₃ Bataillone, 1 Escadron, 22 Geschütze) marschiert um 8ʰ früh von der Porta Pradella auf der Straße nach Montanara vor.

3. Colonne: Brigade Liechtenstein (5 Bataillone, ¹/₂ Escadron, 6 Geschütze) rückt um 9ʰ früh von der Porta Pradella auf der Straße gegen Buscoldo vor, um die feindliche Stellung links zu umgehen.

Jede Brigade nimmt nur ¹/₂ Escadron mit.

Kesselwagen bleiben zurück."

b) Bereitstellen der Armee.

Rest der Armee (23¹/₃ Bataillone, 38¹/₂ Escadronen, 101 Geschütze) hat um 11ʰ vormittags in Marschbereitschaft zu treten.

Brigade Simbschen nimmt bei Cerese Aufstellung, um die etwa vom untern Mincio zur Unterstützung der Toscaner herbeieilenden Modenesen und Freischaren fernezuhalten.

c) Verlauf des Gefechtes von Curtatone-Montanara.

Es war ein Frontal-Angriff mit starkem, rechtem Flügel auf eine befestigte Stellung, verbunden mit einer weit ausgreifenden Umgehung durch schwache Kräfte.

Die gegen Curtatone vorgehende Division greift gegen 11ʰ mit 1 Brigade zuerst Curtatone frontal an und umfasst dann nach und nach den linken Flügel der dortigen Verschanzungen durch Verlängern und Einschwenken der Gefechts-Front (Brigade Benedek), während die andere Brigade, links von der erwähnten, zum frontalen Angriff ansetzt. Durch den umfassenden Angriff um die Rückzugslinie besorgt, räumen die feindlichen Truppen endlich um 3ʰ nachmittags ihre Stellung bei Curtatone und eilen in wilder Flucht über Le Grazie zurück, verfolgt durch 1 Bataillon und 1 Escadron.

Die Tètebrigade der 2. Colonne stößt gegen 11ʰ vormittags auf die feindlichen Vorposten, die schnell hinter die Verschanzungen von Montanara zurückweichen. Sie greift den Ort in 3 Colonnen vergebens an, während die andere Brigade dahinter nachfolgt.

Die linke Colonne rückt mit der Hauptkraft über S. Silvestro vor und war bis Buscoldo gelangt, als ihr der Befehl zukommt, den Angriff auf Montanara zu unterstützen, was sie dadurch bewirkt, dass sie die Vorrückung über La Santa gegen den Rücken der feindlichen Aufstellung fortsetzt.

Durch das Zusammenwirken dieser Colonne mit der Mittelcolonne, dann durch den Entschluss Benedeks, der nach dem siegreichen Gefechte bei Curtatone den Kanonendonner von Montanara hörend, entlang des Osono gegen letzteren Ort vorrückt, wird der Gegner auch hier geworfen, ein Theil wird gefangen genommen, der Rest versprengt.

Die toscanische Division war gegen 4ʰ nachmittags so gut wie vernichtet. Ihre Verluste betrugen über 3800 Mann.

Die Modenesen und Freischaren vom untern Mincio blieben während des Gefechtes unthätig und zogen sich abends über den Po zurück.

d) Vormarsch und Nächtigung der Armee am 29. Mai.

Der Feldmarschall ließ am 29. mittags die noch in Mantua gebliebenen Brigaden, Cavallerie- und Artillerie-Abtheilungen gegen Curtatone und Montanara nachmarschieren. Von den im Gefecht gestandenen Truppen wurde die Division F. Schwarzenberg (rechte Colonne) nach Rivalta—Castellucchio, die Division K. Schwarzenberg (Mittelcolonne) nach Le Crosette, die Brigade Liechtenstein (linke Colonne) über Gabbiano nach Ospitaletto dirigiert.

Vom nachfolgenden Gros der Armee wurde 1 Brigade des 2. Corps zur Unterstützung des 1. Corps in den Raum halbwegs zwischen Rivalta und Castellucchio vorgeschoben, der Rest des 2. Corps nach Gabbiano dirigiert.

Dem 1. Reserve-Corps wurde der Raum Le Gracie—Curtatone zugewiesen.

Das Detail der Nachtruhestellung der Corps ist der Beilage 4 zu entnehmen.

Während Radetzky durch den siegreichen Tag von Curtatone den ersten Theil seines Operations-Planes glänzend erfüllte, setzte auch die Brigade Zobel ihre Vorrückung auf Cisano und Calmasino fort, musste aber überlegenen Kräften gegenüber zurückweichen, und befand sich am Abende des 29. wieder auf den Höhen von Cavajone.

Betrachtungen.

Die aus den Erwägungen für die Offensive am 29. hervorgegangenen Entschlüsse stimmen mit den thatsächlichen nicht überein.

Wir finden, dass der Angriff auf die toscanische Division vom Feldmarschall detailliert angeordnet wurde. Dies, dann die Verfügung, dass die Hauptkraft des 1. Corps gegen die Front dirigiert wurde, dann der Befehl, dass das Gros der Armee um 11ʰ vormittags in Marschbereitschaft zu treten hatte, mag seinen Grund vielleicht darin gehabt haben, dass man beim Armee-Commando der Ansicht war, der schwache Gegner werde angesichts der ganzen kaiserlichen Armee keinen nennenswerten Widerstand leisten. Sollte aber dennoch ein Widerstand geleistet werden, so könnte durch das Vorgehen mit starkem rechten Flügel die toscanische Division in westlicher Richtung abgedrängt und ihr im Vereine mit der Umgehungs-Colonne eine Katastrophe bereitet werden.

Dass die Einwirkung der Umgehungs-Colonne nicht abgewartet wurde, hat seinen Grund in dem Thatendurst der Führer der einzelnen Colonnen des 1. Corps und in der Kampfeslust der Truppen, die beim Zusammentreffen mit dem Gegner sofort zum Angriff schritten.

Das Gefecht selbst zeigt in deutlicher Weise den großen Vortheil der Umfassung beim Angriff auf befestigte Punkte und gibt ein schönes Beispiel von dem richtigen Erfassen der Situation durch den Brigadier Oberst Benedek, indem er, dem Kanonendonner nachmarschierend, auch an der Entscheidung bei Montanara mitwirkt.

Die Vorrückung der Armee ist nur bis in die Linie Rivalta—Ospitaletto erfolgt, was seinen Grund darin haben dürfte, dass das Gefecht erst um 4^{h} beendet war, dass die durch den Kampf ermüdeten Brigaden an der Spitze der Armee-Colonnen belassen wurden, und dass auch das Armee-Commando wahrscheinlich an diesem Tage von den Truppen keine grösseren Marschleistungen verlangen wollte.

Wenn auch dadurch das Gefecht nicht vollständig ausgebeutet wurde, so war dennoch der 1. Theil der Operation Radetzkys glanzvoll erfüllt; die österreichische Armee war in einer Frontbreite von nur 8 km in die rechte Flanke der piemontesischen versetzt, hatte deren Überzahl um mehr als 3000 Mann vermindert und durch den Sieg von Curtatone moralisch auch großen Gewinn erzielt.

Fortsetzung der Offensive.

Die Situation der Armee in der Nacht vom 29. auf den 30. zeigt die Beilage 4.

Die am Abend des 29. im Hauptquartier eingelangten Nachrichten über die Bewegungen der feindlichen Hauptkräfte waren höchst verschieden und widersprechend; am wahrscheinlichsten schien, dass Karl Albert seine Hauptmacht bei Volta vereinigt und nur einen Theil der Armee vorgeschoben habe.

Erwägungen im Armee-Hauptquartier.

Die Ungewissheit über die Bewegungen des Gegners erfordern vor allem Aufklärung der Verhältnisse bei diesem und einen geschlossenen Vormarsch, um bei einem Zusammenstoße mit ganzer Kraft auftreten zu können, endlich möglichst frühen Aufbruch, um die Piemontesen noch vor Beendigung ihrer Vereinigung mit Überlegenheit angreifen zu können, dabei thunlichste Verschleierung der eigenen Maßnahmen.

Zur Aufklärung des Gegners und zur Verschleierung der eigenen Maßnahmen kann am besten die Cavallerie-Truppen-Division verwendet werden. Hiebei kann ihr Gros über Rivalta—Rodigo auf Ceresara dirigiert und die Aufklärung des Raumes von Goito, Volta bis Casiglione delle Stiviere übertragen werden.

Für die Vorrückung der 3 Corps stehen 3 durchlaufende Marschlinien zur Verfügung:

a) von Rivalta über Sacca—Goito,

b) von Castellucchio über Sarginesco—Rodigo—S. Maria,

c) von Ospitaletto über Gazzoldo und Solarolo nach Ceresara.

Als vorläufiges Marschziel für die Armee muss die Linie Ceresara—Goito bezeichnet werden.

Der Aufbruch muss, wie bereits oben erwähnt, möglichst früh erfolgen. Berücksichtigt man, dass die Truppen am 29. erst spät nachts auf ihre Lagerplätze eingetroffen waren, so kann er vor 5ʰ früh wohl nicht angenommen werden.

Bei der Wahl der Aufbruchstunde muss ferner berücksichtigt werden, dass es mit Rücksicht auf die beiderseitige Situation am entsprechendsten ist, wenn die Colonnen mehr im Staffelverhältnis mit vorgeschobenem linken Flügel vorrücken. Rechnet man die Aufbruchstunde des Reserve-Corps, dem die östliche Marschlinie zugewiesen werden kann, von Le Grazie mit 6ʰ früh, so muss das 1. Corps von Castellucchio um 5ʰ 30ᴵ, das 2. Corps von Ospitaletto spätestens um 5ʰ früh aufbrechen. Um diese Zeit muss auch die Cavallerie im Vorgehen vor der Armeefront begriffen sein, daher um 5ʰ früh Rivalta passieren.

Belastung der Marschlinien: Je ein Corps auf jeder Linie überdies beim 1. Reserve- und 1. Corps die Artillerie-Reserve und bei jedem Corps ein Brückentrain.

Da an der Marschlinie des Reserve-Corps aber je eine Brigade des 1. und 2. Corps sich befinden, so könnte die Brigade des 1. Corps in der Richtung auf Sarginesco zum Corps herangezogen werden, während die Brigade des 2. Corps dem Reserve-Corps-Commando unterstellt werden könnte.

Hiedurch würden vorrücken als rechte Colonne. 13.400, als mittlere 15.000, als linke 12.500 Mann Infanterie und die 3500 Reiter starke Cavallerie-Truppen-Division, als dieser Colonne vorgeschoben.

Mögliche Anordnungen für die Vorrückung am 30. Mai.

An die 3 Corps und die Cavallerie-Truppen-Division könnte am 29. abends etwa folgender Befehl ergehen:

„Nach dem Siege von Curtatone setzt die Armee die Offensive gegen die piemontesische Armee fort, die wahrscheinlich mit dem Gros bei Volta, mit einer vorgeschobenen Gruppe bei Goito sich befinden dürfte.

Hiezu ordne ich an:

Cavallerie-Truppen-Division *rückt um 5ʰ früh von Rivalta über Rodigo auf Ceresara vor, klärt im Raume Goito—Volta—Castiglione delle Stivere auf. Es ist in Erfahrung zu bringen, wo sich die gegnerische Hauptkraft befindet, beziehungsweise ob und in welcher Richtung sie in Bewegung ist.*

1. Reserve-Corps *(3 Infanterie-Brigaden) — dem die Brigade Gyulay unterstellt wird — rückt um 6ʰ früh von Le Grazie über Sacca auf Goito vor.*

1. Corps *rückt um 5ʰ 30ᴵ früh von Castellucchio über Sarginesco—Rodigo—S. Maria in die Gegend westlich von Goito.*

Die Brigade Benedek ist in der Richtung auf Sarginesco heranzuziehen.

2. Corps *— exclusive der Brigade Gyulay — rückt um 5ʰ früh von Ospitaletto über Gazzoldo und Solarolo nach Ceresara vor und klärt in der linken Flanke bis an den Chiese auf.*

Das Armee-Commando *ist bis 7ʰ früh in Rivalta, dann in Rodigo."*

Mögliche Situation um 8ʰ früh.

Cavallerie-Truppen-Division seit 7ʰ früh bei Ceresara mit Nachrichten-Detachements und -Patrouillen hart am Feinde. Reserve-Corps bei Sacca, in mehreren Colonnen gegliedert.

1. Corps erreicht den Scolo Caldone bei S. Maria.
2. Corps bei Solarolo.
Armee-Commando in Rodigo.

Thatsächliche Verfügungen für den 30. Mai.
Ereignisse an diesem Tage.

Für die Vorrückung am 30. wurde seitens des Armee-Commandos verfügt:

„*1. und Reserve-Corps rücken nach Goito vor.*

2. Corps marschiert nach Ceresara, von wo durch die Cavallerie Nachrichten über die feindlichen Bewegungen zu gewinnen sind.

Formierung zum Vormarsch um 8ʰ früh: 1. Corps hat sich vorerst in Rivalta zu vereinigen, die Brigade Benedek sodann, durch 4 Escadronen Husaren und die Corps-Geschütz-Reserve verstärkt, die Vorrückung über Sacca zu beginnen.

2. Corps hat sich in Castellucchio zu sammeln und dann über Rodigo vorzumarschieren.

1. Reserve-Corps hat sich in Rivalta zu vereinigen.

Das Armee-Commando gelangt nach Rivalta.

Zwischen den Corps ist strenge Verbindung zu halten und mit äußerster Vorsicht zu marschieren.“

Demgemäß setzten sich die Brigaden am 30. um 8ʰ früh von ihren Lagerplätzen in Bewegung, um in Rivalta und Castellucchio die Marschcolonnen zu formieren. Diese Colonnenbildung nahm mehrere Stunden in Anspruch, so dass die Brigade Benedek erst um 12ʰ mittags den Scolo Caldone bei Sette Frati überschritt.

Das Reserve-Corps bewirkte seine Vereinigung erst nachmittags bei Rivalta.

Vom 2. Corps, das in 2 Divisions-Colonnen vorrückte, traf die Spitze der rechten Colonne um 1^h nachmittags in Rodigo ein, während die andere Division im Staffelverhältnisse über Gazzoldo nachfolgte.

Als der Commandant des 1. Corps nach 1^h nachmittags erfuhr, dass das 2. Corps Rodigo erreicht habe, ordnete er die Vorrückung auf Goito an.

Um 2^h nachmittags stießen die Husaren Benedeks auf gegnerische Cavallerie. Bald nachher erfährt der Commandant des 1. Corps die beiläufige Aufstellung der gegnerischen circa 10 bis 12 Bataillone starken Kräfte in der Linie Tezze—Segrada—Goito, worauf das Corps zum Angriff übergieng.

Der Kampf währte von 3^h nachmittags bis 7^h abends. Der Corps-Commandant hatte bisher gehofft, das Gefecht bis zum Eingreifen des 2. Corps halten zu können, umsomehr, als auch das Reserve-Corps als unmittelbare Verstärkung heranrückte. Als aber beim Einbrechen der Dunkelheit das Erscheinen des 2. Corps nicht mehr in Aussicht stand, ordnete der Corps-Commandant das Abbrechen des Gefechtes an, das unbelästigt vom Gegner erfolgte.

Das Reserve-Corps war um 3^h nachmittags auf die Meldung des 1. Corps über die Anwesenheit stärkerer feindlicher Kräfte bei Goito vom Armee-Commando zur Vorsendung je einer Brigade über Sacca und La Motta—Caigole beauftragt worden. Diese beiden Brigaden kamen aber infolge von Missverständnissen erst gegen 8^h abends beim 1. Corps an.

Der Rest des Reserve-Corps verblieb in Rivalta.

Das 2. Corps langte mit der rechten Colonne, bei der sich der Corps-Commandant befand, ohne sich durch den Kanonendonner beirren zu lassen, um 4^h 30^t nachmittags in Ceresara an.

Die linke Colonne, die beim Passieren von Gazzoldo den beginnenden Geschützkampf bei Goito vernahm, rückte bis Cà dell Gallo weiter, blieb dort gegen 5^h stehen, stellte Vorposten auf und meldete dies dem Corps-Commando. Dieses befahl, sich in engste Verbindung mit den kämpfenden Truppen zu setzen. Doch der Abend war angebrochen und das Gefecht beendet; die Division blieb daher stehen.

Situation der Armee um 4ʰ 30ᵐ nachmittags siehe Beilage 5.

Der Commandant des 2. Corps, in der Meinung, das gegnerische Gros stehe bei Volta, hielt sich nicht berechtigt, von Ceresara gegen Goito vorzubrechen, machte dem Armee-Commandanten die Meldung, dass seine sehr ermüdeten Truppen der Ruhe bedürfen. Sein an diesem Tage besonders heftig auftretendes Podagra ließ seinen Unternehmungsgeist nicht aufkommen.

Alle im Laufe des Tages an das Armee-Commando gerichtete Meldungen trafen zu spät ein, um danach auf den Gang des Gefechtes einen Einfluss üben zu können.

Um 8ʰ abends war die Situation der Armee folgende:

2 Brigaden des Reserve-Corps im Vorposten-Dienste hart am Feind bei S. Maria, beziehungsweise Cagliaria, dahinter das 1. Corps im Raume Sacca, Sette Frati. Vom 2. Corps eine Division bei Cù dell Gallo, Rest bei Ceresara.

Gros des Reserve-Corps (1 Infanterie-Brigade und die Cavallerie-Division bei Rivalta; daselbst auch das Armee-Commando).

Details enthält die Beilage 4.

Betrachtungen.

Die Verfügungen des Feldmarschalls zeigen den festen Entschluss des Feldherrn, im geschlossenen Echiquier den Vormarsch um 8ʰ früh in 2 Colonnen anzutreten. Dass er nur in ganz mangel-

hafter Weise zur Durchführung kam, zeigt, wie schwerfällig der
ganze Apparat des Befehlgebens und die Colonnenbildung war,
wodurch die Truppen den Abmarsch so spät bewirkten. Vielleicht
hätte ein Befehl im Sinne der angenommenen Disposition den
Colonnen-Commandanten ihre Aufgabe erleichtert und dadurch ermöglicht, dass die Armee geschlossen in den ersten Nachmittags-
stunden an den Feind gekommen wäre.

Die Ereignisse am 30. bieten noch eine Menge lehrreicher
Momente, die zu erwähnen gewiss von großem Interesse ist.

War man über die Situation beim Gegner nicht im klaren,
dann musste der Feind aufgeklärt werden, hiezu hätte, nach den
heutigen Ansichten, die Cavallerie-Division, die am 29. ohnedies
keine Leistung hinter sich hatte, verwendet werden können, was
aber nicht geschah, da sie zu jener Zeit vor allem Schlachtenwaffe war.

Auch das Nichtverwenden der Colonnen-Cavallerie zeigt uns,
welchen Nachtheil dies für die Ereignisse an diesem Tage hatte.
Wäre die Cavallerie, namentlich vom 2. Corps, zum Verbindungs-
Meldedienst, zur Aufklärung vor der Front und in den Flanken
verwendet worden, so hätte sie gewiss nicht nur den einzelnen
Colonnen, sondern auch der Armee ganz bedeutenden Nutzen
geleistet, ja, man kann mit Bestimmtheit sagen, der Armee einen
glänzenden Sieg verschafft. Durch entsprechende Verwendung
im Sicherungs-Dienste hätte der Marsch der Infanterie fließend
erfolgen können, ohne die Truppen zu ermüden. Als Verbindung
hätte die Cavallerie des 2. Corps ihren Commandanten rechtzeitig
über die Situation beim 1. Corps verständigen können, durch
Aufklärung der Verhältnisse beim Gegner — wie dies die Armee-
Disposition ausdrücklich verlangte — hätte das 2. Corps über die
Kräfte bei Goito, beziehungsweise bei Volta, rechtzeitig orientiert
sein können und dementsprechend dann gewiss den Angriff über
Cerlungo durchgeführt. Hätte die Division Wimpffen, als sie
beim Passieren von Gazzaldo den Kanonendonner bei Goito vernahm, durch Cavallerie sich über die Verhältnisse sofort orientiert,
so wäre sie kaum bei Cà dell Gallo unthätig stehen geblieben.

Aus dem Verhalten der einzelnen Colonnen — Gros des 2. Corps, dann Division Wimpffen — ersehen wir weiter, wie nothwendig es ist, nicht nur Verbindung zwischen den einzelnen Colonnen zu halten, sondern auch, wie wichtig es ist, stets in Kenntnis über die Verhältnisse bei den Nachbar-Colonnen zu sein. Es hätte sich daher als vortheilhaft erwiesen, einen Officier des Stabes mit Meldereitern bei diesen Colonnen marschieren zu lassen.

Auch die Verbindung der Corps mit dem Armee-Commandanten hat an diesem Tage versagt, da die wenigen Meldungen derart spät beim Feldmarschall eintrafen, dass dieser keinen Einfluss mehr auf das Gefecht ausüben konnte (Ordonnanz-Curse, Feld-Telegraphenleitung).

Das Verhalten einzelner Colonnen während des Gefechtes des 1. Corps war — im Gegensatze zu jenem des Obersten Benedek bei Curtatone — nicht entsprechend. Weder die Division Wimpffen, noch das Gros des 2. Corps, die Kenntnis über ein Gefecht des 1. Corps besaßen, haben die Ursache, beziehungsweise die Gefechtslage schleunigst erforscht und ihren Standpunkt sowie ihre verfügbare Kraft dem 1. Corps mittheilen lassen. Sie versäumten es, durch ihr Hineilen auf das Gefechtsfeld am 30. für die Armee einen glänzenden Sieg zu erringen.

Wenn schon d'Aspre starr an seiner Ansicht festhielt, dass die Hauptkraft des Gegners bei Volta sich befinde, und es daher für zweckentsprechend fand, bei Ceresara zu verbleiben, so kann der Colonne Wimpffen doch nicht der Vorwurf erspart bleiben, dass sie den gröbsten Fehler begieng, indem sie unthätig blieb.

Trotz des ungünstigen Ausganges dieses Gefechtes ist die Situation der Armee am 30. abends günstig, denn 28.000 Österreicher befinden sich auf $^1/_4$ Quadratmeile zunächst Goito, 8000 Mann unter d'Aspre stehen in der rechten Flanke der Piemontesen und 9000 Mann als Armee-Reserve bei Rivalta, nur 7 *km* hinter dem Gefechtsfelde.

Erwägungen und Anordnungen für den 31. Mai.

Das Gefecht von Goito hat gezeigt, dass sich dem 1. Corps gegenüber starke Kräfte befinden, die zwar gegen die eigene Armee noch keine erfolgreiche Offensive unternehmen konnten, die aber immerhin das 1. Corps zurückgedrängt haben und in der nächsten Zeit gewiss weiteren Kräftezuwachs erhalten können.

Diese Situation beim Gegner, dann der Zweck der begonnenen Offensive von Mincio aufwärts drängen zu dem Entschlusse, am 1. Juni den Gegner bei Goito anzugreifen.

Die beiden im Vorpostendienste stehenden Brigaden sind hart am Gegner, der seinen rechten Flügel bis nach S. Croce an der Straße Goito—Gazzoldo vorgeschoben hat. Das 1. Corps ist hinter der Vorpostenbrigade bei C. Franchin eng beisammen, nahe am Gegner; das 2. Corps hingegen nächtigt in zwei etwa 6 km voneinander getrennten Divisions-Gruppen, von denen jene in Ceresara 6 km von S. Maria (Gegend der 2. Vorposten-Brigade) entfernt ist; vom Reserve-Corps ist das Gros noch 7 km hinter dem rechten Flügel.

Die Armee ist daher noch nicht in einem Echiquier vollkommen vereinigt für die am 31. anzustrebende Schlacht bei Goito. Um diese enge Vereinigung zu erreichen, erscheint es am zweckentsprechendsten, das 2. Corps mit dem Gros an die rechte Corps-Gruppe — etwa nach S. Maria — heranzuziehen, wodurch auch dieses Corps in sich enge vereinigt wird und in eine günstige Situation für den beabsichtigten Angriff gelangt.

Diese Vereinigung in einem Echiquier ist aber hier nicht unbedingt nöthig. Das Gros des 2. Corps befindet sich dermalen in einer äußerst günstigen Lage gegenüber den gegnerischen Kräften bei Goito. Wird das 2. Corps bei Ceresara concentriert und rückt es zum Angriff gegen Goito vor, so erfolgt der Anmarsch in getrennten Gruppen, die Vereinigung wird erst im Kampfe gesucht, eine zu dichte Massierung der Truppen wird vermieden; das 2. Corps gelangt direct gegen die Flanke des Gegners.

Als Nachtheil aber zeigt sich. dass es nicht ganz zuverlässig ist, dass das 2. Corps rechtzeitig auf dem Schlachtfelde eintrifft, und dass es den gegnerischen Kräften bei Goito die Flanke bietet.

Hat der Armee-Commandant auch das Gefühl, dass es besser wäre, den am 30. unthätig gebliebenen Corps-Commandanten näher, im engen Anschlusse zu haben, so wird es entsprechender sein, die Armee vorerst in ein Echiquier zu vereinigen.

Das Armee-Commando muss sich auch eine Schlachten-Reserve ausscheiden. Hiezu steht nur das Gros des Reserve-Corps in Rivalta zur Verfügung. Unter diesen verfügbaren Kräften befindet sich 1 Cavallerie-Truppen-Division. Es fragt sich nun, ob es nicht zweckdienlicher wäre, diese Cavallerie-Masse in einer anderen Weise zu verwenden.

Da das Heranrücken gegnerischer Verstärkungen von Volta her möglich, die Verhältnisse über den Gegner am 30. noch nicht geklärt sind, überdies bei einem Angriffe auf Goito die linke Flanke des 2. Corps nicht gedeckt ist, so dürfte es von ungleich größerem Vortheile sein, die Cavallerie-Truppen-Division auf dem linken Flügel zu verwenden, um die Flanke zu decken und die Aufklärung in nördlicher und nordöstlicher Richtung zu besorgen, als sie im Reserve-Verhältnis zurückzulassen. Man erreicht hiedurch auch, dass die Cavallerie-Division bei einem glücklichen Ausgange des Gefechtes sofort unter den günstigen Verhältnissen verwendet werden kann.

Da aber bei dieser Verwendungsart als Armee-Reserve nur 1 Infanterie-Brigade erübrigen würde, ein Zurücknehmen der im Vorpostendienste stehenden Brigaden unthunlich erscheint, so dürfte es am zweckmäßigsten sein, eine der bei Cà dell Gallo stehenden Brigaden des 2. Corps zur Armee-Reserve zu verwenden. dagegen die Vorposten-Brigade bei S. Maria dem 2. Corps-Commando zu unterstellen.

Als Raum für diese Reserve scheint die Gegend von la Motta-Fossato am besten geeignet, denn sie ist dann auf dem inneren Flügel des 2. Corps bereit, rasch in einer oder der anderen Richtung in Verwendung zu treten, namentlich günstig aufgestellt, wenn der Gegner bei dem umfassenden Angriff der Armee einen Gegenstoß gegen die Frontgruppe (1 Corps) ausführt.

Aus diesen Erwägungen ergibt sich für den Fall, dass der Armee-Commandant die enge Concentrierung vor der Schlacht beabsichtigt, folgende nur im wesentlichsten angeführte

Armee-Disposition:

„Starke feindliche Kräfte stehen im Raume S. Croce, C. Franchin—Goito.

Die Armee hat die Vorposten hart am Gegner, und zwar je eine Brigade des Reserve-Corps bei C. Franchin und S. Maria und steht mit dem 1. Corps bei und südlich von Sacca, mit je einer Division des 2. Corps bei Ceresara und Cà dell Gallo, der Rest nächtigt um Rivalta.

Morgen Angriff auf den Gegner bei Goito!

Hiezu haben um 9^h früh bereitzustehen:

1. Corps, dem die Brigade bei C. Franchin unterstellt wird, im Raume zwischen Scolo Caldone und dem Mincio mit dem Gros in der Höhe von Sacca.

2. Corps mit den 3 Brigaden hinter der Vorposten-Brigade bei S. Maria, die dem Corps-Commando unterstellt wird.

Armee-Reserve unter Commando FML. Wocher, 1 Brigade der bei Cà dell Gallo befindlichen Division und die Infanterie-Brigade aus Rivalta bei La Motta.

Cavallerie-Truppen-Division hat über Rodigo, Cà dell Gallo um 9ʰ bei Ceresara mit dem Gros einzutreffen, in der Richtung über Cerlungo und ins Hügelland von Volta aufzuklären, überdies während des Angriffes der Armee die linke Flanke zu decken.

Das Armee-Commando ist von 8ʰ früh in Fossato."

Radetzkys Verfügungen für den 31. Mai vormittags.

Der Ausgang des Gefechtes von Goito veranlasste den Feldmarschall vorerst, in der Nacht zum 31. den Befehl zur engeren Vereinigung der 3 Corps zu ertheilen, infolgedessen dieselben am 31. mittags nachstehende Aufstellungen zu erreichen hatten.

„1. Corps. Hauptquartier Rivalta. Division K. Schwarzenberg Sacca, Division Wohlgemuth (statt F. Schwarzenberg) Sette Frati.

1. Reserve-Corps. Hauptquartier Rivalta. Brigade Maurer: bei C. Franchin mit Vorposten vom Mincio bis zum Scolo Caldone Brigade Rath: La Motta, Brigade Schulzig: Rivalta, Cavallerie-Division: Fossato.

2. Corps. Hauptquartier Caigolo, Division Schaaffgotsche be S. Maria am Scolo Caldone, Division Wimpffen am Scolo Gorgolina vor Cà dell Gallo.

Armee-Commando bleibt in Rivalta.

Der Feldmarschall beabsichtigte, mit diesen Kräften am 31. den Piemontesen eine Schlacht bei Goito zu bieten. Ein am 31. vormittags eingetretenes heftiges Regenwetter hinderte jedoch die Ausführung, da bald alle Wege so aufgeweicht waren, dass weder

Geschütze fortkommen, noch überhaupt grössere Truppenmassen
bewegt werden konnten. Um aber Nachrichten über die Truppen-
bewegungen und Absichten des Gegners zu erlangen, und um
letztere für ihre Verbindungslinien besorgt zu machen, entsendete
der Feldmarschall am 31. noch Streifcommanden, und zwar
eines in der Stärke von 4 Escadronen und 2 Jäger-Compagnien
in westlicher Richtung nach Ceresara, von wo in die Gegend von
Guidizzolo, Medole und Castelgoffredo zu patrouillieren war, ein
2. Streifcommando nach Ospitaletto, das über Gazzoldo, Marcaria,
Bozzolo zu streifen hatte.

Betrachtungen.

Radetzky concentriert 43.000 Mann auf engem Raum. 9 Infanterie-Brigaden werden in einer Front von etwa 2 *km* zum
Angriffe massiert, während 3 Cavallerie- und 1 Infanterie-Brigade
im Reserve-Verhältnis zurückgehalten werden.

Die Lage der Armee ist dadurch sehr günstig. Sie bedroht
die piemontesische Hauptverbindungs-Linie und hat bei einem
ungünstigen Ausgange der Schlacht auf einen Tagmarsch die
Osone-Linie und die Festung Mantua hinter sich.

Ein charakteristischer Unterschied zwischen der supponierten
und der thatsächlichen Bereitstellung besteht in der Verwendung
der Cavallerie-Division. Dass sie bei der Armee-Reserve eingetheilt
wurde, ist ganz erklärlich. Sie war damals noch eine Schlachtenwaffe
par excellence. Eine Verwendung im Aufklärungsdienste, wie man
ihn heute von der Cavallerie verlangt, gab es zu jener Zeit noch

nicht. Wie nothwendig Radetzky es erachtete, sich Klarheit über die gegnerischen Verhältnisse zu verschaffen, zeigt die Entsendung von Streitcommanden am 31. nachmittags.

Dass die Armee-Reserve getheilt war, dürfte darin seine Erklärung finden, dass der Feldmarschall 1 Brigade zur unmittelbaren Unterstützung des am 30. im harten Kampfe gestandenen 1. Corps, auf der kürzesten Linie Goito—Mantua haben wollte und anderseits die 4 Brigaden als Reserve bei La Motta—Fossato stark genug erachtete.

Auffallend erscheint nur, dass erst bis mittags die Gruppierung angenommen sein musste, was aber darin seinen Grund gehabt haben dürfte, dass es Gebrauch war, erst nach dem Abkochen aufzubrechen und die Concentrierung für das 2. Corps ohnedies einen frühen Aufbruch erheischte.

Situation der Armee am 1. Juni.

Da am 1. Juni der Regen fortdauerte, blieben beide Armeen im allgemeinen in ihren Aufstellungen.

Die von den Streifcommanden im österreichischen Hauptquartier einlangenden Nachrichten giengen dahin, dass die Piemontesen Mitte Mai eine längs des Po und über Asola marschierte Verstärkung von 10.000 Mann und 22 Geschützen an sich gezogen hätten, dass am 1. über Guidizzolo einige piemontesische Bataillone, ebenso wie die Reste der toscanischen Division gegen den Chiese zurückgegangen seien, dass endlich in Medole Abtheilungen von piemontesischer Cavallerie stünden, Castiglione delle Stiviere aber noch unbesetzt sei.

Ferner wurde in Erfahrung gebracht, dass piemontesische Cavalleriemassen nach Cerlungo vorgeschoben, einige Fußtruppen aber auf den Höhen westlich von Volta in Bewegung gesetzt worden waren.

Am untern Chiese und bei Canetto wurden stärkere piemontesische Abtheilungen gesehen. Diese Meldungen stimmten mit den Kundschaftsnachrichten im allgemeinen überein, so dass die piemontesische Armee auf 60.000 Mann geschätzt werden konnte, wovon etwa 10—15.000 Mann bei Goito aufgestellt gedacht wurden.

Aus Peschiera fehlte jedwede Nachricht. Wohl aber waren Mittheilungen über die in Wien und in den meisten Theilen des Kaiserstaates drohende Revolution eingelangt.

Beurtheilung der Situation und Erwägungen im Armee-Hauptquartier für den 2. Juni.

Die 43.000 Mann starke Armee steht im engen Raume bei Goito vereinigt, während etwa 60.000 Piemontesen mit der Hauptkraft wahrscheinlich um Volta, mit circa 10—15.000 Mann um Goito sich befinden dürften. Mit Rücksicht auf die politische Lage im Innern des Kaiserstaates kann auf keine, oder doch nur auf sehr geringe weitere Verstärkungen gerechnet werden, was zu großer Vorsicht bei den eigenen Unternehmungen mahnt.

Da die Nachrichten über den Gegner nicht so verlässlich waren, um einen klaren Einblick in die gegnerische Gruppierung erlangt zu haben, anderseits aber dies bei dem ungleichen Stärkeverhältnis sehr erwünscht ist, so muss angestrebt werden, dies durch eine scharfe Erkundung seitens stärkerer Kräfte zu erreichen. Als zweckentsprechendste Richtung erscheint jene auf Cerlungo, da dieser Raum halbwegs zwischen Volta und Goito liegt.

Zu diesem Erkunden können bei der Anwesenheit starker feindlicher Kräfte und dem sehr durchschnittenen, bedeckten Terrain auch nur wieder starke Kräfte verwendet werden. Hiezu eignet sich am besten das 2. Corps, als das diesem Raume zunächst befindliche, und das überdies von einem energischen, bei selbständigen Aufgaben sehr unternehmungslustigen, kriegserfahrenen Corps-Commandanten befehligt wird.

Wird nun dieses Corps hiezu verwendet, so ist es nöthig, auch die anderen Truppen der Armee theilweise zu verschieben, um eine gesicherte Verbindung mit diesem Corps herzustellen.

Diese Verschiebung könnte am 2. etwa zu folgender Gruppierung führen:

„1. Corps im Raume Sacca—S. Maria.

Reserve-Corps mit 2 Infanterie-Brigaden und der Cavallerie-Truppen-Division im Raume Caigole—Cà dell Gallo, mit 1 Infanterie-Brigade bei Sette Frati.

2. Corps je nach den Wegerhältnissen (lang andauernder Regen) der feindlichen Gegenwirkung, beziehungsweise Erlangung der entsprechenden Daten bei Cerlungo oder westlich davon bis in die Gegend von Ceresara."

Thatsächliche Ereignisse am 1. und 2. Juni.

Radetzky beschloss, einem erneuerten Angriffe gegen Goito am 2., sobald der Regen aufhört und dadurch überhaupt größere Bewegungen ermöglicht sein würden, eine scharfe Recognoscierung nach Cerlungo vorhergehen zu lassen, um sich der feindlichen Kraftvertheilung noch mehr zu vergewissern. Er übertrug diese Aufgabe dem 2. Corps, verständigte davon die Streif-Commanden, welche ihre Aufgabe fortzusetzen hatten und entsendete noch ein solches Commando von 2 Escadronen nach Puibaga.

Vom 2. Corps wurde 1 Division, verstärkt durch 2 Escadronen, zur Vorrückung nach Cerlungo bestimmt; die übrigen Truppen des Corps hatten als Reserve zu folgen.

Dieses Corps rückte am 2. mittags von Caigolo längs des Scolo Birbes vor; die Wege waren aber noch so durchweicht, dass trotz der größten Anstrengungen erst um Mitternacht Vasto erreicht wurde und der weitere Vormarsch erst für den folgenden Tag in Aussicht genommen werden musste.

In der Nacht zum 3. hatte die Armee folgende Aufstellung:

Armee-Hauptquartier: Rivalta.

1. Corps: Corps-Hauptquartier und 1 Division bei Sacca, die andere bei Caigole und S. Maria.

2. Corps: Gros in Possenta, östlich von Ceresara, 1 Division in Vasto di sotto und Palazzetto.

Reserve-Corps: Corps-Hauptquartier und Cavallerie-Division Cù dell Gallo, 2 Infanterie-Brigaden bei Caigole, 1 Infanterie-Brigade bei Sette Frati.

Streif-Commanden in Ceresara, Piubaga und Ospitaletto.

Betrachtungen.

Da das Regenwetter die Bewegungen größerer Heeresmassen unthunlich machte, so versäumte Radetzky nicht, eine größere Anzahl Streif-Commanden gegen Westen zu entsenden, welche manche Aufklärung verschafften, anderseits ernstlich die piemontesischen Verbindungslinien bedrohten, die Lombarden schreckten, die piemontesische Heerführung ängstigten und theilweise zu falschen Maßregeln verleiteten.

Die übrigen Betrachtungen decken sich mit den früheren.

Situation am 3. Juni.

Im Laufe dieses Tages trafen Nachrichten aus Wien ein über den am 25. Mai daselbst erfolgten gewaltsamen Sturz der Regierung und über die drohende, gänzliche Zügellosigkeit, welche voraussichtlich die Armee beinahe aller Hilfsquellen aus dem Innern der Monarchie beraubte und die größte Vorsicht gebot, da die Armee ihrem Kaiser vielleicht für einen höhern Staatszweck als für die augenblickliche Wiedereroberung der Lombardei erhalten werden musste.

Ein Parlamentär überbrachte die Meldung Raths über die am 30. Mai erfolgte Übergabe von Peschiera.

Beurtheilung der Situation und Erwägungen im Armee-Hauptquartier am 3. Juni.

Der Hauptgrund für die bisherige Offensive, Entsatz von Peschiera, ist entfallen, eine Fortsetzung der Offensive gegen den zahlreicheren Gegner unter dem Eindrucke der schwierigsten politischen Verhältnisse erscheint zu gefährlich, daher ist es am zweckmäßigsten, in die Defensive überzugehen und hiezu an den Abschnitt· am Osone zurückzugehen, daselbst die Stellung zu befestigen und erst bei einer günstigeren Gestaltung der Verhältnisse wieder in die Offensive überzugehen.

Als Vorbereitung dieses Rückzuges wird es am besten sein, die dem Gegner bei Goito unmittelbar gegenüberbefindliche Gruppe,

— 1. Corps und die Brigade des Reserve-Corps bei Sette Frati — vorerst stehen zu lassen, während die übrigen Theile noch im Laufe des Nachmittags zurück zu beordern wären, und zwar Gros des Reserve-Corps nach Sarginesco, 2. Corps nach Rodigo; überdies müssen die Streif-Commanden (mit Ausnahme jenes bei Ospitaletto) eingezogen werden.

Nachrichten über den Gegner am 3. Juni nachmittags.

Von den Streif-Commanden liefen die (falschen) Nachrichten ein, dass die Piemontesen in den letzten Tagen beträchtliche Verstärkungen erhalten hätten. Alarmierende Berichte aus Verona und Südtirol langten ein, denen zufolge der Brigade Zobel bei Rivoli ein übermächtiger Angriff drohte, daher die Aufrechterhaltung der Verbindung Veronas mit Tirol von der Brigade nicht mehr bewirkt werden könnte, sondern der Garnison Veronas überlassen werden müsste, welch letztere aber selbst kaum genügend Truppen besaß, um ihren Aufgaben als Defensivbesatzung nachzukommen. Die Lebensmittel für die Armee waren in Verona am 3. so vermindert, dass ohne Zuschub aus Tirol oder ohne Erweiterung des Requisitions-Bereiches trotz aller Thätigkeit der Intendanz der Bedarf für die Armee nur mehr auf fünf Tage gedeckt war.

Entschluss im Armee-Hauptquartier.

Am 3. abends wurde in Erwägung aller erwähnten Gründe und weil die Operationen auf dem rechten Mincio-Ufer keine entscheidenden Erfolge versprachen, der Entschluss gefasst, gegen die feindlichen Kräfte im Venetianischen umzukehren, diese möglichst zu zerstäuben, die reiche Provinz Vicenza zu unterwerfen, dann die Verbindungen einerseits mit Tirol durch die Val Arsa, anderseits mit dem 2. Reserve-Corps in der venetianischen Ebene zu eröffnen und hierauf schnell wieder in die Festungsgruppe zurückzukehren, um erst nach größerem Kräftezuwachse den entscheidenden Stoß gegen die feindliche Hauptarmee zu führen.

––––––––

Radetzky führt diesen Entschluss, gestützt auf die weise Benützung der Vortheile der drei festen Plätze Mantua, Legnago, Verona, mit einer bewunderungswürdigen Schnelligkeit durch, greift den Gegner mit solcher Entschiedenheit am 10. Juni bei Vicenza an, dass dieser innerhalb 24 Stunden eine Übereinkunft mit dem Feldmarschall abschließt, wodurch die Revolutions-Streitkräfte um 18.000 Mann vermindert, der reiche Landstrich der rechtmäßigen Regierung unterworfen und die gesicherte Verbindung mit den rückwärtigen Provinzen dem kaiserlichen Heere eröffnet wird.

Diese schönen Erfolge zu erzielen, verwendet der geniale Feldmarschall bloß die Zeit von sieben Tagen. Kaum war der Kanonendonner von Vicenza verklungen, so eilt der Feldmarschall mit dem Gros nach Verona zurück, um eben dem am 13. Juni begonnenen Angriff Karl Alberts auf Verona mit 35.000 Mann auf dem blutgetränkten Schlachtfelde von S. Lucia abermals entgegenzutreten. Durch diese kühnen und überraschenden Operationen des greisen Feldherrn war der Unternehmungsgeist der „Spada d'Italia" derart herabgestimmt, dass jeder Offensiv-Gedanke aufgegeben wurde.

INHALT.